W a r r e n   T h e w

Prouvas da tschüffer splers

Versuche Schmetterlinge zu fangen

Warren Thew

Prouvas da tschüffer splers

Versuche Schmetterlinge zu fangen

WEIDLING VERLAG STOCKACH-WAHLWIES

Rätoromanische Originaltexte ausgewählt
und mit Versuchen deutscher Fassungen
herausgegeben von Lisbet Thew

Titelbild: Typographie und Gestaltung
Ernst Schumacher, Radolfszell unter
Verwendung einer Collage - Gemeinschaftsarbeit der Ersten und Zweiten Schulklasse
Sent 1995

78333 Stockach-Wahlwies
2. unveränderte Auflage 2000

ISBN 3-922095-37-2
Satz, Druck und Bindung: WB-Druck, Rieden

PER LETA MOSCA

chi ha rivi las funtanas da la lingua rumantscha
à la creatività da l'autur

FÜR LETA MOSCA

durch welche die Quellen der romanischen Sprache
dem Schaffen des Autors zugänglich wurden

POESIA

DICHTUNG

Dichtung
Versuche
Schmetterlinge
Zu fangen
Über Abgründe hinweg

Poesia
Prouvas
Da tschüffer
Splers
Sur precipizis oura

STÀ ENGIADINAISA

ENGADINER SOMMER

Unstillbarer Durst
nach Sonnenhitze
Alles Grün
tränkt
das Licht

   Glut
   des Sommers

Gesänge
halsbrecherische
der Vögel
Lauteres Feuer
brennenden Verlangens
das keine Macht
zu löschen vermag

   Glut
   des Sommers

Helle blendet
Gerade dann am schwärzesten
die zu dunklen
genau geschnittenen Schatten

Das belebende Leben
belebt auch das Sterben
das nicht stirbt

   Glut
   des Sommers

Said insaziabla
per il chod dal sulai
Tuot il verd
bavrainta
la glüm

Intensità
da la stà

Chants penetrants
rumpan
culözs dals utschels
Spür ardur
da l'arsantüm
ch'ingüna pussanza
po stüzzantar

Intensità
da la stà

Glümeras orbaintan
Güst alura las plü nairas
las sumbrivas massa s-chüras
exactas, tagliadas

Il viver vivifichant
vivainta eir il murir
chi nu moura

Intensità
da la stà

Für mich warst du der Frühling
Der andere sogenannte ist Nachahmung geblieben
Wiedergeboren war ich - alles war neu
Erstmals wieder die Welt selbst
Nichts hatte denselben Namen
Sogar eine Sprache war noch zu erlernen
Ich wie ein Wanderer in einem nie entdeckten Land
Danach ist deine Abwesenheit klingende Stille
Alle Fluchtwege sind versperrt

Per mai d'eirast tü la prümavaira
L'otra uscheditta ais restada üna simulaziun
Renaschü d'eir' eu - tuot füt renovamaint
Per la prüma vouta darcheu il muond svess
Ingüna chosa avet il medem nom
Perfin üna lingua d'eira amo d'imprender
Eu sco ün viandan in ün pajais mâ scuvri
Davo ais ti' absenza ün silenzi sonor
Tuottas vias per fügir sun barricadadas

Erst musste ich die steilen Stufen
des Deutschen erklimmen
um auf die Ebene der gebirgigen romanischen
Sprache zu gelangen

Endlich auf Entdeckungsreisen - der Suche
nach Ziel für Erneuerung
fand ich einen Weg, langsam viel zu langsam -
einen Weg der Hilfe zu mir selbst

Das Leben der lebendigen Sprache gibt nochmals
Leben um ein weiteres eigenes Leben zu leben

Il prüm avaiva stuvü rampignar
la stipa s-chala dal tudais-ch
per rivar al plan da la muntagnusa
        lingua rumantscha

Finalmaing scuvrind scuvertas - in tschercha
        da böt per renovamaint
n'haja chattà üna via, plan bler massa plan -
üna via d'agüd vers mai svess

La vita dal vierv vivaint dà danöv
vita per viver ün'aigna vita daplü

Gemeinde Sent und ihre Landschaft
nicht nur geographisch gelegen -
obwohl Zierde des Unterengadins
dennoch gleichfalls ein Ort wo -
beschnittenen Daseins -
auch ich wohnen kann
mit eigenem Garten
eigener Flur
- zuhause, aber in meiner Seele
denn dort ist es Sent
- und dort lebe ich!

Cumün da Sent cun sia cuntrada
na be plazzà geograficamaing -
schabain ch'el ornescha l'Engiadina Bassa
tuottavia eir ün lö ingio -
cun vita restretta - eir eu poss avdar
cun agen üert
aigna pradaria
 - a chà, mo in mi' orma,
perche là esa Sent
 - e là viv eu!

Wörter um Wörter
romanische
kehren zurück
wie Bienenschwärme
lagern sie ihren Honig
in Waben meines Gehirns
stärkende konzentrierte Nahrung
die ich aufbewahre
um das Dringendste zu sagen
sagen zu können

Pleds davo pleds
rumantschs retuornan
sco sems d'aviöls
stagiunand lur meil
aint in tablas da meis tscharvè
Nudrimaint sustgnand
concentrà ch'eu conserv
per cha'l plü urgiaint da dir
poss' esser dit

Es gibt auch für mich
einen Engadiner Sommer

Der Anfang zu spät
Zu früh das Ende

Der Überfluss des üppigen Grases
des plötzlichen Blühens

Die Fülle all dessen
in solch kurzer Zeit

Nur Dankeshymnen möchte ich singen
aus allen Kräften

Ohne Ende, bis an das Ende
Und dessen letztem Schlag

I dà eir per mai
üna stà engiadinaisa -

Il cumanzamaint massa tardiv
massa tampriva la glivrada

La profusiun da l'erbaduoir
da la dandetta fluraschun

L'intensità da tuot
in uschè cuort temp -

Eu vögl chantar ferventamaing
be imnas dad ingrazchamaint

Sainza fin, fin a la fin
e seis cuolp final

INTENTS DAL DESTIN

ABSICHTEN DES SCHICKSALS

Langsam
die lange Vorbereitung

Kaum die Blüte
Schon der Hagel

Wer wagt
zu fragen
Warum?

Plan planet
la lunga preparaziun

Apaina la flur
Subit la tampesta

Chi das-cha
dumandar
Perche?

Krallen
entwurzeln

Absicht des Schicksals
Eine andere als - -

Geäst der Seele
Zittert

Ergrünst
du - O nochmals ein ganz klein wenig

Du hättest einige Knospen
- - zögernde - -
noch zu öffnen

die Jahreszeit wäre gerade - -

Griflas
sragischan

Intent dal destin
ün oter co - -

Ramma da l'orma
trembla

T'inverdischast
tü - O amo ün zichin

Tü vessast alch büttels
 - - tardivs - -
amo da rivir

la stagiun füss güsta - -

Kugeln, der Regen
Die Blumen, Zielscheiben

Übungen des Schicksals

Für Wurzeln Nahrung
- Blütendüfte entschwinden

Ballas, las plövgias
Las fluors, schaibgias

Exercizis dal destin

Per ragischs nudrimaint
 - Savuors fluraintas svanischan

Unwetter
Wohnsitz
Peitschender Winde

Des Vogels
Zauber
Unheimliche Abwesenheit

Sintflut
Erschütterung
Zermalmung

Und eine stumme Musik
ertränkt Geburten
verstümmelten
Blühens

Stratemp
Domicil
Per vents s-charpands

Da l'inchant
Dad alch utschè -
Sul'absenza

Diluvi
Stremblida
Schmazzüchada

Ed üna musica mütta
najainta naschentschas
da fluraschun
mutilada

Unheimlich, der Wind
Vagabundiert
Macht Reisen
Ohne Plan
Ohne Ziel

Immerwährende
Nie verweilende Gegenwart

Sein Schaden bleibt sichtbar
Aber er selbst als Wesen
Bleibt heute und immer
Dem Auge inexistent

Kommend und gehend
Hin und her
Unsichtbarer Vagabund
Unheimlich, der Wind

Sul, il vent
Vagabundescha
Fand viadis
Sainza desegn
O destinaziun

Üna preschentscha perpetna
Mai rumagnand

Seis dan resta visibel
Ma el stess, pels ögls,
Sarà hoz e saimpermâ
Ün esser inexistent

Gnand e giand
Invia ed innan
Invisibel vagabund
Sul, il vent

Spinnennetze
Strahlen später Sonne
Veredeln
Silberne Geometrien
Geduldiger Grausamkeit

Raits d'arogn
Razs da sulai tardiv
annöblan
argientas geometrias
da pazchainta crudeltà

Keine Nachtigall wird singen
Sodass du verschont schlafen kannst

Doch Krähen mit getreuen Schreien
werden deinen süssesten Schlummer stören

- *Und deine Träume werden Träume bleiben*

Ingün rosignol chantarà
Cha tü possast durmir schanià

Ma corvs cun sbrais fidels
Sdruagliaran teis plü dutsch sön

- E teis sömmis restaran sömmis

Riesenkatze - die Nacht

Sinnlos zu rennen
Nur stillstehn und warten
Ich - die Maus

Die Kralle ist da!

Giattun - la not

Absurd da cuorrer
Be star spettand
Eu - la mür

La grifla ais qua!

Widerspenstig verhält sich
das Schicksal, mit Verschlagenheit

Seine Spielregeln
werden sich wieder und wieder
ändern

Aber Absicht und Gewinn
bleiben, entdeckst du,
verheimlicht

Die Wette - musst du verstehen
ist unausweichlich

Restiv as cumporta
il destin cun sclutrezza

Las reglas
per seis gös
müdaran darcheu e darcheu

Mo böt e guadagn
restan, scuvrischast,
zoppantats

La scumissa - stoust incleger
es inevitabla

Laute durch das Fenster
einer nicht gelebten Welt

- Und ein Tod der leben muss
auf dass ich sterbe

Suns tras la fanestra
d'ün muond na vivü

- Ed üna mort chi sto viver
per ch'eu dessa murir

Dumpf
um sechs
das Glockengeläut
schwebend über einem mühsamen Tag

Sein Friede meint
beständigere Ruhe

Suorda
a las ses
la sunasoncha
suspaisa sur ün di stantus

Sa pasch propuona
pos plü dürabel

FERM AINT IL SPAZI

UNVERRÜCKBAR IM RAUM

Zeit - nur Zeit
alle Zeit
so viel Zeit
wirklich so viel?

Zeit um Zeit
für eine Zeit
ohne Zeit

Temp - pür temp
tuot il temp
tant temp
propi tant?

Temp per temp
per ün temp
sainza temp

Unverrückbar im Raum
ausgedehnt unheimliche Stille
- Er - sein unhörbar
kommender Schritt
sicher wie das Dunkel
das verordnete
sich nähert
- jene Gegenwart
der ein Sehen nicht begegnen darf
welches der Augen ist

Ich rufe ich bete
Ich schweige ich warte

Immer die Frist

- Noch gibt es das Noch!

Ferm aint il spazi
stendü da suldüm
- El - seis pass inudibel
gnand
sgür sco il s-chür
chi ordinà
s'approsma
- quella preschentscha
a la quala nu das-cha inscuntrar
ün vzair chi'd ais d'ögls

Eu clam eu rov
Eu tasch eu spet

Adüna il term

- I dà amo l'amo!

Früh morgens die Amseln
Ihre Stimmen bebend mit einer Inbrunst
die ihr eigenes Himmelszelt schafft
Von ausgebreitetem Licht als Gesang
Hallt im Morgen eine Musik
welche Musik übertrifft -
Jäh gewahre ich
das Unwiderrufliche
des zur Annahme gegebenen Schicksals

So viel Jubel - ein Widerspruch
- Dennoch heilend

Wird bald eine des Unheimlichen entleerte
Stille sein,
vielleicht eine Erinnerung erwartend -
Klausner in einem unbewohnten Land

A mamvagl ils merls
Lur vuschs vibrand cun üna fervenza
chi creescha seis agen firmamaint
Extais cun glüm sco chant, la daman
strasuna d'üna musica
chi surpassa musica -
Inaquella m'inavez eu
güst quant inappellabla
ais la sort datta d'acceptar

Tant güvlar - ün confrunt
- Listess guarind

Daraja bod ün silenzi svödà
da suldüm
spettand forsa alch algord -
eremit in ün pajais sainza pövel

Nun muss ich erwachen
zu einem Tagesanbruch ohne Gesang
Licht beleuchtet - Klang ohne Ton -
Gebrochene Flügel flatternd ohne Flug
Das Geschaute nicht vervielfältigt mit Musik
Ein Loblied ohne Wind der seine Stimme trüge
Eine Hymne von tausendfachem Schweigen
nie gesungen

Uossa stöglia'm sdruagliar
Pro 'na alba sainz'alch chant
Glüm iglüminescha - sonorità sainza sun -
Alas deruottas svolazzand sainza svoul
La visiun na multiplichada d'üna musica
Ün lod sainz'ün vent chi portess sia vusch
Ün' imna d'üna miriada da silenzis
mâ chantada

Dieser Morgen
mit seinen
Novembernebeln
- einer undurchdringlichen Schicht -
bedarf deiner heiteren Miene
um seine Sonne
zu finden

Quaista daman
cun sias tschieras
da november
 - üna vetta impenetrabla -
douvra tia tschera surriainta
per ch'ella chatta
seis sulai

Jetzt mit wenig Zeit
Leben wir
Ein Stück Ewigkeit
In einer Zeit ohne Zeit

Uossa cun pac temp
Vivaina
Ün zich eternità
In ün temp sainza temp

Werft mir
meine Tränen nicht vor
Ich brauche sie
dass etwas wachse
über dem Sarg der Vergangenheit

Nu m'imbüttar
mias larmas
Eu tillas bsögn
per ch'alch crescha
sur il vaschè dal passà

Ich versuche
Die Rückkehr meiner Zukunft zu erwarten
Doch ihre Ankunft wäre nur Abwesenheit
gewesen
Ebenso wie Anfänge von Erinnerungen
Ihrer Vergangenheit bereits verlustig sind

Eu prouv da spettar
Il retuorn da meis futur
Mo seis arriv füss stat be absenza
Tant sco cha cumanzamaints d'algords
Han fingià pers lur passà

"Nie" ist das erwidernde Wort
Damit muss ich leben

"Nie" wenigstens
bietet die Stirn
und wird sie bieten

Nie - immer nie

Was ist
das trösten sollte

Dieses Sehnen
dieses Warten
dieses Dürsten

"Mai" es il pled chi respuonda
Cun quai stögl eu viver

Almain "mai"
confruntescha
e confruntarà

Mai - adüna mai

Che es quai
chi dess consolar

Tant bramar
tant spettar
tant' arsaja

Annehmen
Einwilligen
Dass wenigstens meine Seele
gestimmt sei
zu schwingen mit einer Harmonie

Sicher zu sein entschlossen zu bleiben
ohne mich aufzulehnen
schrankenlos
- ich muss verstehen
wird mich nicht retten
doch (vielleicht)
eine letztendliche
unerwartete Erlösung bieten

Acceptar
Acconsentir
Ch'almain mi' orma
saja accordada
per ch'ella vibrescha cun alch armonia

Sgür da star resolut
sainza'm rebellar
sainza limitar
 - eu stögl incleger
nu'm salvarà
ma (forsa) offrirà
ün' eventuala
deliberaziun inaspettada

Alle Bäume ihr Geäst
Alles Gebüsch sein Blattwerk
Auch die letzten Blumen
die leuchtendsten
Alles reglos

Sterben braucht Zeit
Unheimliches Schweigen eines Herbstes
Stumme Geduld welche Leben
nicht erteilt hatte

Düster die Feierlichkeit einer Erwartung
lässt eine Nahrung reifen
für das was sicher kommen wird

Ein zu leben schweres Gedicht

Tuot ils bös-chs lur roms
Tuot la bos-chaglia seis fögliom
Eir las ultimas fluors
las plü glüschaintas
Tuot sainza movimaint

Murir douvra temp
Sula quietezza d'ün utuon
Pazienzcha mütta cha'l viver nun avaiva dat

Sombra la solennità d'aspettativa
fand madürar ün nudrimaint
per quai chi sgür gnarà

Üna greiva poesia da viver

SILENZIS SUCCESSIVS

NACHEINANDER VON LAUTLOSIGKEITEN

Orchestrationen des Nacheinander von
Lautlosigkeiten
Modulationen der Schatten Spektrum ihrer Düfte
Variationen ein unveränderbares Licht
verwandelnd

Orchestraziuns dals silenzis successivs
Modulaziuns da las sumbrivas spectrum
        da lur savuors
Variaziuns transfuormand üna glüm invariabla

Abwesenheit von Gesang
(Geduld der Vögel)
Wartendes Schweigen

Gedächtnis macht seine Geräusche
Des Nachts
Erinnerungen
Mit ihrem Lärm
gehen um in der Seele

Beim Rotlicht der Dämmerung
Nahe der Kreuzung des Morgens
Wartet ein Gedränge
Auf Zutritt zum Gebiet
Versperrt von Vergessen

Absenza d'ün chant
(Pazienza dals utschels)
Silenzi spettand

Memoria fa seis rumuröz
Dürant la not
Algords van intuorn
Cun lur canera
Aint ill' orma

Pro'l signal cotschen da l'alba
Dasper la cruschada da bunura
Üna chatschaduoira spetta
Ün' entrada aint il territori
Barricadà d'invlidanza

Bei Tagesanbruch
Stille ohne Hauch von Wind

Verlassenheit jeden
Blattes an demselben Ast

Sonne überstürzt sich
die gefährlichsten Abgründe
zu vergolden
in mir - ich, wartend
auf einen Vogelruf
der das Licht besänge
- keiner kommt

Sül far di
Silenzi sainza ventin

Suldüm da mincha
föglia sül istess ram

Sulai as precipitescha
d'indorar
precipizis ils plü privlus
aint in mai - eu, spettand
alch clom d'ün utschè
chi dechantess glümeras
 - gnanc'ün vain

Eine Stille
Nach einer Stille

Vögel des Morgens
Vögel des Abends
Haben
Schon
Ihren eigenen
Frühling
Vergessen
Und seinen Lobgesang
Den ersten, wahren

Ün silenzi
Davo ün silenzi

Utschels da la daman
Utschels da la saira
Han
Fingià
Invlidà
Lur aigna
Prümavaira
E sa imna -
La prüma, vaira

Seltsame Stille
Eines Nachmittags im August
Welcher der Letzte sein muss
Geduld ohne Erwartung
Jede Minute ein Besuch
Eines Sterbens das nicht kommt

Singulara quietezza
D'ün davomezdi d'avuost
Chi sto esser l'ultim
Pazienza sainz' alch aspettativa
Mincha minut üna visita
D'ün murir chi nu vain

Das Licht jetzt
ohne Schlaf noch Gesang
Lautlos der Tagesanbruch
Königreich des Sommers

Schatten - Zeilen
einer nicht gesprochenen Sprache
Hieroglyphen von Schwermut
unübersetzbar

Jeder Morgen
schon bei der Dämmerung besät
mit anhaltendem Verlangen
wartend auf das Reifen
eines nahenden Sterbens

La glüm uossa
sainza sön o chant
Silenziusa l'alba
Reginam d'instà

Sumbrivas - lingias
d'üna lingua na discurrüda
Ieroglifs da melanconia
chi's nu laschan tradüer

Mincha daman
semnada fingià al crepuscul
da desideri prolungà,
spettand la madüranza
d'ün murir avanzand

Ich wollte mich klammern
an die letzten Sommertage
an das Nacheinander gereiften Schweigens
Häufungen von Wachstum einer Hoffnung
auf Ernte
entgegen aller Erwartung
ohne Antwort
ermutigenden
Gesangs
eines Vogels

Hörbar die Abwesenheit

Beunruhigt in dieser Ruhe
verstehe ich
Gedächtnis ist bessere Musik
als Melodien sie vorgeben
lerne ich
dass die Vergangenheit schwingen wird
wie die Zukunft stumm sein

Vugliand am branclar
vi dals ultims dis d'instà
lur silenzis successivs madürats
chi accumuleschan creschentscha
d'üna spranza d'alch racolta
cunter tuott' aspettativa
sainza resposta
d'ün chant
incuraschind
d'alch utschè

Udibla l'absenza

Inquietà
incleg eu
in quista quietezza
memoria es megldra musica
co cha melodias pretendan
imprend eu
cha'l passà vibrarà
sco cha'l futur sarà müt

Ist dies ein Vogel
mit verlorenener Stimme für seinen Gesang
der mit seinem
schweigsamen Flug
in den Nebel flieht
oder meine eigene Seele?

Es quai ün utschè
chi ha pers sia vusch per seis chant
chi cun seis silenzi
seis svoul
mütscha aint illa tschiera
o mi' aigna orma?

Im Schweigen
der Schlaf des Gesangs

Klang der
unhörbaren Träume

Stille
des unbemerkten
Endes

In silenzi
il sön dal chant

Sonorità dals sömmis
inudibels

Quietezza
da la fin
inobservada

I

Tod -
Stille

Glocken -
ein Laut

II

Wolken -
unhörbar
ihre Bewegung

Ohne Laut
kommt er auch
der Tod

I

Mort -
Silenzi

Sains -
Ün sun

II

Da las nüvlas -
inudibel
lur movimaint

Sainza sun
arriv'la eir
la mort

PER LETA

FÜR LETA

SCHULANFANG

Auf einen Artikel mit Bild im FÖGL LADIN,
von Leta Mosca in ihrem Klassenzimmer
mit den Erstklässlern am ersten Schultag

Noch klein die Schüler
Doch wie gross schon seit langem
ihr Horizont

Ihre Fantasie -
darunter schwinden Grenzen von Mauern
und lassen ein
in das enge Schulzimmer
Weiten eines Alls
welches wachsen wird und wohnen
in ihrem offenen Geist
und ihr Leben auftun
wie eine zu entdeckende erste Blüte
das eigene blühende Sein
enthüllend

CUMANZAMAINT DA LA SCOULA

Inspirà d'ün artichel cun fotografia aint il FÖGL LADIN,
da Leta Mosca in sia stanza da scoula culs uffants
da la prüma classa il prüm di da scoula

Amo pitschens ils scolarins
Però fingià dalönch
che grand lur orizont

Cun lur imaginaziun
cunfins dals mürs svanischan
per laschar aint
illa stretta stanza da scoula
vastezzas d'ün univers
chi crescharà ed avdarà
aint in lur spiert avert
e rivirà lur vita
sco üna prüma flur da scuvrir
reveland
l'agen esser
in flur

Hummeln, Gesumme, Bienen die Menge
Auf der ganzen Ebene überreiches Blühen
Verschwendung der Düfte Fülle der Blumen
Vielerlei Formen mannigfache Farben
Überwachsenes Gras, grünliche Dichte
Tausendfach die Arten des Lebens sich
kundzutun
Wie glüht der Sommer, wie leuchtet sein Fest!

Tavans, tavanöz, aviöls blerüra
Exuberanta fluraschun sün tuot la planüra
Profusiun dals parfüms abundanza da las fluors
Prunas da fuormas multifarias culuors
Erbaduoir creschü aint, verdainta spessüra
Millieras manieras co cha la vit' as manifesta
Co arda la stà, co splendura sa festa!

Aus einem bescheidenen
unbeachteten versteckten Nest
steigt unerwartet
der unschätzbare Gesang
einer Lerche auf
zu einem Himmel
der bebt mit ihrer Stimme
aus Licht und Lob

Our d'ün ümil gnieu
inobservà, zoppà
s'adoza inaspettà
l'inappredschabla imna
d'üna laudinella
vers ün tschêl
chi vibrescha cun sa vusch
da glüm e lod

Eule, Eule
Vollkommen still
Ganz Auge, Kralle, wartet

Reglos
Wachsam
Offen
Bereit

Dann gleitende Flüge
Gezielte, gerade
Mit lautlosen Flügeln
Fängt sie mutige Mäuse

Tschuetta, tschuetta
Totalmaing quieta,
Be ögls, griflas, aspetta

Inerta
Alerta
Averta
Parderta

Lura svouls planivs
Directs, gualivs
Cun alas silenziusas
Clappand mürs curaschusas

Kleiner munterer Schmetterling
sehr flink sein Flug
- es scheint dass er tue
nur was er will

Doch einmal war er eine hässliche Raupe
langsam kriechend
glücklos, ohne Träume
von grossen Flügeln und so viel Wonne!

Pitschen spler briet
fich svelt seis svoul
 - i para ch'el fetscha
be che ch'el voul

Ma 'na jà d'eir el 'na trida
uzlana chaminand plan planet,
svantagiusa, sainza sömmis
d'alas grandas e da tant dalet!

Heuschrecke

Hurtige Sprünge
hüpfende Beine
plötzliche Flügel
schaukeln Tänze
zickzack
über dem Unkraut

Silip
Sigls sperts
chommas sagliaintas
alas dandettas
sbaluonzchan sots
ziczac
sur il zierchel

Es klingt
des Sommers
draussen auf der Wiese
im Sumpf, im üppigen Gras
allenthalben eine Sinfonie
Frösche, Grillen, Heuschrecken, Zikaden
Gesumme
und Vogelgesang
Der Libellen diamantene Kurven
Wasser, Licht
Schilf, Fluss
Geschäftige Fröhlichkeit
Sommerliche Heiterkeit!

I dà
d'instà
our il prà
illa palü, ill'erbaduoir üna sinfonia
strasunand invi'ed innan, innan ed invia
ranas, grigls, silips, cicadas - da tuotta sorts
creatüras cun lur tschüblöz, d'utschels -
        che chantaröz!
Cun alas sco diamants fan libellas lur stortas
L'aua, glüm,
Channa, flüm -
Viva leidezza
Estiv' allegrezza!

NACHWORT

BIOGRAPHISCHES

Warren Thew (1927-1984) wurde in Fairport, NY, USA geboren. Ausgebildet zum Musiker (Komposition und Klavier mit Solistendiplom), waren der Dichter und Zeichner in ihm ebenso stark. Bücher waren für ihn so wichtig wie Noten. Von Kindheit an hatte er immer Papier und Bleistift bei sich. Er schrieb oder zeichnete und komponierte - letzteres seltener - in jeder freien Minute. Aus diesem lebenslänglichen Tun entstand ein Werk von ungefähr 60 Kompositionen, über 3500 Gedichten und etwa 1000 graphischen Arbeiten, hauptsächlich Karikaturzeichnungen, grösstenteils in einer Art Synthese von Graphik und Dichtung.

Bereits zu seiner Studienzeit hatten für Warren Thew Fremdsprachen begonnen, eine bedeutende Rolle zu spielen. Es waren der Dichter wie auch der Komponist in ihm, durch welche sich die Beschäftigung mit ihnen ergab, bei seinen Begegnungen mit der Liedliteratur als Pianist. Ihm genügten die den Originaltexten unterlegten englischen Übersetzungen der zweisprachigen Ausgaben nicht. Er musste die ursprünglichen Wortbedeutungen und Sprachstrukturen genaustens kennen, die dem musikalischen Geschehen eines Liedes zugrunde liegen. Während die Vokalmusik intensive Auseinandersetzung mit der deutschen, in geringerem Masse aber auch mit der französischen und italienischen Sprache von ihm forderte, war es das tief in der Sprache und Musik des Volkes seiner Heimat wurzelnde Werk Béla Bartóks, welches ihm grundlegende Kenntnisse des Ungarischen abverlangte. Dabei ging es ihm bei der jeweiligen Sprache immer zuerst um das Verständnis des Wesenseigenen der einzelnen Worte, des Vokabulars, der Syntax, ihrer Formen, Farben und Rhythmen und der durch sie geprägten Ausdrucksweisen. Diese Bemühungen führten bei ihm wie von selbst zu Versuchen, schöpferisch damit umzugehen. Hierfür gibt es zahlreiche Belege. So schrieb er, Jahre ehe er selbst deutsch zu sprechen begann, zur Zeit seiner Tätigkeit in Washington als Klavierimprovisator an der dortigen Niederlassung der Martha Graham School of Modern Dance, dieses deutsche Gedicht:

Tanzendes Gesicht
Wie Blitz
Der Ewigkeit
In den Rauch
Eines Augenblicks
Brannte

Seine erste Europareise brachte Warren Thew 1956 in die Schweiz, unter anderem nach Kilchberg, Zürich. Dieser Ort wurde ihm zum Schicksal. Hier sollte er seine zweite Heimat finden. Von nun an waren es menschliche Begegnungen und die Konzertreisen, welche ihm unterschiedliche Grade der Beschäftigung auch mit dem Spanischen, Holländischen, Finnischen, und durch die

Musik Janáčeks mit dem Tschechischen zutrugen; dazu - erstmals - die Notwendigkeit des Sprechens. Es wäre für ihn undenkbar gewesen, ein neues Land zu betreten, ohne in dessen Sprache wenigstens "Danke", "Bitte", "Guten Tag" sagen zu können und eine, wenn auch noch so bescheidene Verständigungsgrundlage mitzubringen. Auch hatte er bemerkt, dass er einen Gesprächspartner viel unmittelbarer in seinem Wesen zu erfassen vermochte, wenn er versuchte, sich mit ihm in dessen Sprache zu unterhalten. Allerdings ist ihm das nie leicht gefallen. So natürlich für ihn Versuche des schriftlichen Umgangs mit einer Sprache waren, so gehemmt fühlte er sich bei den mündlichen. Deshalb entschloss er sich eines Tages, über die Schatten seiner Hemmungen zu springen, und fortan ohne grosse Überlegungen spontan zu sprechen. Wohl führte ihn dies oft ins völlige Abseits von Grammatik, doch nie daran vorbei, das herüberzubringen, was er sagen wollte.

DAS ROMANISCHE IM LEBEN DES AUTORS

Im Herbst 1972 verbrachte Warren Thew seine Ferien in Sent im Unterengadin. Dieser Ort wurde ihm durch seine Landschaft, seine Menschen und seine Kultur zum geliebten Ferienzuhause. Über die Bedeutung, welche die einheimische Sprache für ihn gewinnen sollte, deren Existenz schon in den USA einmal kurz sein Bewusstsein gestreift hatte, gibt eine von ihm auf romanisch geschriebene Skizze Auskunft. Sie war ihm sehr wichtig. Er hatte die Absicht, sie auszuarbeiten. Die Krankheit hat es verhindert. Sie sei hier in einer deutschen Fassung wiedergegeben.

"Das erstemal hörte ich meine Frau in Washington in der Küche dieses alte 'Ladin' erwähnen, einer Form des Romanischen, das in den Engadiner Tälern gesprochen werde. 'Wenigstens e i n e Sprache, die ich nie werde lernen müssen noch Gelegenheit haben, sie zu gebrauchen.' Dann, in Sent [im Sommer 1978], nach der ersten Begegnung mit Cla Biert, der in mir ein brennendes Interesse entzündet hatte, das Romanische zu verstehen, begann ich, es zu erlernen. Doch erst nach der Rede von Jon Pult zum Ersten August [1980?] kam mir die feste Überzeugung, nicht zu fragen, 'warum die schwere Arbeit, wenn nur so wenige Menschen diese Sprache sprechen?' Präzis dieser Grund wurde jetzt Ansporn genug, ihr Studium mit Eifer zu betreiben. - Nach einer langen Narkose [wegen einer Augenoperation im Herbst 1982] waren meine ersten bewussten Worte: 'Üna gronda furtüna' / '*Ein grosses Glück*'. In diesem Augenblick wurde ich gewahr, dass aus einem alten Brunnen [die romanische Sprache] eine Quelle fliesst, welche fortwährend Nahrung gibt und Halt zur Erneuerung des Lebens selbst."

Diese Erfahrung fand ihren Niederschlag am unmittelbarsten in folgendem Gedicht:

IL VIERV RUMANTSCH

Our d'ün zuond vegl bügl
fluischa üna funtana
chi adüna darcheu -
daplü inavant
po proveder sustegn
per la said per renovamaint
chi dà vita cha vita stessa vivess

DIE ROMANISCHE SPRACHE

Aus einem sehr alten Brunnen
fliesst eine Quelle
die immer wieder -
immer mehr
Beistand leisten kann
im Durst nach Erneuerung
welche Leben gibt, dass Leben selbst lebe

Zuvor, 1981, hatte Warren Thew von Leta Mosca, Primarlehrerin, Organistin und Leiterin des Gemischten Chores in Sent den Auftrag erhalten, drei romanische Texte für das neue, schon fast druckreife Schulgesangbuch der ersten bis vierten Klasse zu vertonen. Die Tatsache, dass ihm von rätoromanischer Seite her das Vertrauen in seine Fähigkeit geschenkt wurde, den Geist ihrer Sprache zu erfassen und den Kern ihrer Aussagen zu treffen, und dass seine umgehend auf diese Texte komponierten Kinderlieder wirklich in "Chantain", jenem Gesangbuch, veröffentlicht werden sollten, gaben ihm völlig neue schöpferische

Impulse. Ihnen sind 40 romanische Chorlieder auf Texte von Jon Guidon, Andri Peer und Armon Planta und 230 eigene romanische Gedichte zu verdanken.

Während die Vertonungen noch in die Zeit vor Ausbruch der Krankheit fielen, entstanden die Gedichte - wenige ausgenommen - erst darnach. In den neun Monaten, die Warren Thew noch verblieben, sollte das Romanische für ihn zentrale Bedeutung gewinnen. Der nahende Tod hatte in ihm einen "Durst nach Erneuerung" erweckt, auf dass "Leben selbst lebe". Im "alten Brunnen", als den er diese Sprache sah, fand er die Quelle hierzu. Die Auseinandersetzung mit ihr hatte ihm noch einmal einen Frühling beschert. "Wiedergeboren war ich - alles war neu ... Ich wie ein Wanderer in einem nie entdeckten Land ..." (cf. Per mai d'eirast tü la prümavaira / *Für mich warst du der Frühling*, S.8/9). Dieses Gedicht steht im Autograph zwischen jenen, welche - mit einigen Ausnahmen - "Per Leta" überschrieben sind. Obwohl es, die auslösende Situation überhöhend, auf verschiedenen Ebenen gelesen werden kann, bleibt der biographische Anstoss erkennbar: Leta Mosca's Besuch des damals schon Schwerkranken und ihre Bitte, für das im Entstehen begriffene und von ihr mitgestaltete Lesebuch für die erste Klasse ein Kindergedicht zu schreiben. Hier ist auch ihr Einfluss auf die Bedeutung des Romanischen für ihn überhaupt, und speziell in seiner letzten Lebensphase festgehalten. Bezeichnend, dass er auf ihre Bitte nicht mit einem, sondern zwölf Gedichten antwortete: elf über je ein Lebewesen aus Wald oder Feld; das zwölfte die Symphonie der Klänge ihrer Laute draussen auf der Sommerwiese besingend.

Noch in anderer Weise wurde das Romanische für Warren Thew in jener Zeit zur gegebenen Sprache. Er äusserte sich einmal dahin, dass er auf englisch einfach schreiben und schreiben und schreiben könnte. Dazu sei jetzt keine Zeit mehr. Er müsse sich darauf beschränken, nur noch das Dringendste zu sagen (cf. Pleds davo pleds / *Wörter um Wörter*, S. 14/15). Hierzu komme ihm der Widerstand entgegen, den ihm die neue Sprache noch entgegensetze.

EDITIONSPROBLEME

Erfahrung mit Warren Thew's Dichtung zeigt, dass sein Umgang mit Sprache derselbe ist, ob er in seiner eigenen, oder einer anderen Sprache arbeitet. Wo die Anwendung einer Wortform auf den ersten Blick nicht ersichtlich ist oder als falsch empfunden werden mag, erschliesst sich ihr Sinn meistens durch die Frage nach der Funktion jener Wortform im Gefüge des Satzbaus. Dies gilt generell auch für die rätoromanischen Gedichte. Indessen gibt es unter ihnen jene, von denen der Autor selbst wusste, dass die romanischen Ausformulierungen seiner Gedanken vom Sprachlichen her noch nicht im Lot waren, oder nicht trafen, was er zu sagen meinte. (Siehe folgender Abschnitt).

Rasch konnte Warren Thew den Verlust des Kontaktes der rechten Hand mit der Klaviatur und dem damit verbundenen jähen Ende seiner Musikerlaufbahn als Befreiung hin zur Freiheit des "ausschliesslich Schreiben-

Dürfens" erfahren. Doch stellten sich bereits wenig später auch beim Schreiben erste Schwierigkeiten ein. Sie führten zum völligen Verlust des Gebrauchs der rechten Hand, was auch die Benützung von Grammatik- und Wörterbüchern fortan so gut wie unmöglich machte. Die Umstellung auf das Schreiben mit der linken Hand gelang. Obwohl dieses durch die zunehmende Schwächung immer mühsamer wurde, nutzte er es bis in die letzten Tage. Denn das Schöpferische in ihm war ungebrochen und suchte fortwährend nach neuem Ausdruck. Immer belastender wurde dabei für ihn das eigene Wissen um die Notwendigkeit sprachlicher Überarbeitungen der Niederschriften, angesichts der schwindenden Möglichkeiten, sie noch selbst durchführen zu können. Daher die ständige Bitte um Versicherung, dass er sie nicht mehr auf sich nehmen müsse; dass "Ihr diese Dinge in Ordnung bringen werdet"; dass er sich ruhigen Gewissens den immer neuen Bildern für seine Gedanken widmen dürfe. Denn er fühlte sich ihnen gegenüber unter demselben, bedrängenden Zeitdruck. Sie trotzdem noch niederschreiben zu können blieb sein dringendstes Anliegen.

So gibt es neben den vollkommen ausgearbeiteten Gedichten jene, die nur kleinster, offensichtlicher und eindeutiger Korrekturen bedürfen. Andere aber bedingen Ermessensentscheide, welche sich oft schon bei der Entzifferung der immer schwerer lesbar gewordenen Handschrift stellen; unter ihnen solche, deren Elemente wie in Muttergestein gelagert sind, dort aber so verstreut, dass sie nicht gehoben werden sollten, um darnach notwendigerweise mehr oder weniger willkürlich zusammengesetzt zu werden. Ein paar Gedichte wurden gleichzeitig auf romanisch und auf englisch gedacht und niedergeschrieben. Es sind deren aber zu wenige, um daraus Schlüsse ziehen zu dürfen über den unterschiedlichen Umgang mit ein und demselben Gedanken in den beiden Sprachen. Obwohl es dafür einige interessante Beispiele gibt, blieben sie hier unberücksichtigt. Auf den Arbeitsblättern dieser Gedichte sind sie jedoch festgehalten, mit Hinweisen auf ihre Eintragungen in der Datenbank, sofern sie in diesem Zusammenhang wichtige Anmerkungen enthalten. (Siehe folgender Abschnitt).

Die Edition einer Auswahl dieser Gedichte bedingte selbstverständlich die Sichtung des gesamten Materials. Dass dies einer gezielten Arbeitsmethode bedurfte, liegt auf der Hand. Jedes vollständige Gedicht, jede Skizze, jede noch so kurze Notiz wurde einzeln in einer Datenbank so erfasst, dass Zugehörigkeiten zueinander ablesbar, und potentiell nützliche Bemerkungen schon dort festgehalten sind. Hierauf wurde für jedes Gedicht ein Arbeitsdossier angelegt. Es besteht je aus den Xerokopien der vollständigen Niederschriften und allen dazugehörenden Notizen und Skizzen sowie einem Arbeitsausdruck des Gedichts. Neben der Endfassung erscheinen darauf die als "versteckte Texte" eingegebenen Kennzeichnungen und Begründungen von Korrekturen und Ermessensentscheiden, welche aus den übrigen Unterlagen nicht unmittelbar nachvollziehbar sind. Für die Drucklegung wurde allerdings bewusst auf die Form der wissenschaftlichen Ausgabe und die durch sie bedingten Hinweise in den einzelnen Textstellen verzichtet. Dies, um das unmittelbare Lesen, welches Gedichte in besonderem Mass erfordern, nicht zu stören. Die Dossiers können aber auf Anfrage jederzeit eingesehen werden.

ÜBERSETZUNGSKRITERIEN

Die Erarbeitung der deutschen Fassungen, die nur Versuche bleiben können, waren vom Grundsatz geleitet, den Sprachwegen der Originaltexte so nahe wie möglich zu folgen, um nicht nur zu deren unentstellten Inhalten sondern auch zur Eigenart ihrer Poesie zu führen. Literarisch Eigenes wurde nicht angestrebt. Es wurde lediglich daraufhin gearbeitet, störende deutsche Formulierungen zu vermeiden.

Die vorliegenden Gedichte sind überwiegend in freier Form gehalten. Es ging deshalbe hauptsächlich darum, für Wortinhalte die bedeutungsnahesten Äquivalente zu suchen und die in den Originalen angelegten, formbestimmenden Spannungsstrategien möglichst unversehrt zu übertragen.

Nur in den Gedichten *Per Leta* bediente sich der Autor mehrheitlich einer an Reim und einfache Rhythmen gebundenen Sprache, weil er den Kindern auf für sie verständliche Weise zeigen wollte "was Sprache tun kann", wie er dies selbst ausgesprochen hatte. Bei den Übersetzungen musste leider gerade auf die Wiedergabe dieser so wichtigen musikalischen Elemente verzichtet werden. Indessen schien es besser - im vollen Bewusstsein der Tragweite des Verlustes - auf die Lebendigkeit der Bilderfolgen und deren wesenseigene Mitteilungskraft zu vertrauen, als diese zu mindern im aussichtslosen Versuch, auch jene Klanglichkeit mitzuübertragen, zu welcher der Autor selbst in dieser Weise nur in der romanischen Sprache gefunden hatte. Im übrigen wurden die Übersetzungen in erster Linie für den erwachsenen deutschsprachigen Leser versucht, während sich diese originalen Gedichte ausdrücklich an die Kinder der romanischen Sprache wenden. Sie sind von den Übersetzungsverlusten nicht betroffen.

Die hier gewählte, der allgemeinen Konvention widersprechende Positionierung von Originaltext und Übersetzung hat zwei Gründe: erstens die Überzeugung, dass der Originalsprache die Hauptbedeutung zukomme, ihr Platz deshalb auf dem recto folio sei, "la page d'honneur", wie dieses einmal in einer Diskussion hierüber so treffend genannt wurde; zweitens die praktische, aber diese Wahl auf ihre Weise ebenso unterstützende Erfahrung, dass beim Durchblättern einer Druckschrift das Auge normalerweise zuerst auf die rechte der einander gegenüberliegenden Seiten fällt.

DANK

Die Herausgeberin dankt folgenden Stellen herzlich für ihre Druckkostenbeiträge, durch welche die Veröffentlichung dieses Buches ermöglicht wurde:

Cumün da Sent. - Lia Rumantscha. - Uniun dals Grischs.

Ganz besonderer Dank geht an Herrn Clo Duri Bezzola für die in seinem dichterischen Schaffen gegründeten Hinweise und Empfehlungen; an Frau Dr. Lucia Walther für das mit ihrem Kenntnisreichtum und sensiblen Verständnis ausgeübte Lektorat; beide haben die Endfassungen der problematischen Textstellen entscheidend mitgeprägt.

Dankbarst sei auch der zahlreichen Freunde gedacht, allen voran Risch Biert, für die Unterstützung dieser Arbeit durch ihr aktives Interesse.

INHALT

FERM AINT IL SPAZI / *UNVERRÜCKBAR IM RAUM*

SILENZIS SUCCESSIVS / *NACHEINANDER VON LAUTLOSIGKEITEN*